AF277833

JARDINES IMAGINARIOS CON SAPOS DE VERDAD

MARIANNE MOORE (1887-1972) fue una de las grandes poetas estadounidenses del siglo XX, compañera de generación de Wallace Stevens y William Carlos Williams, así como editora y ensayista, y una prolífica epistológrafa. Vivió casi toda su vida, soltera, en su casa de Nueva York con su madre. Su primer libro, *Poemas* (1921), fue editado por H.D., quien seleccionó una serie de piezas que habían aparecido en periódicos y revistas. Los años treinta y cuarenta fueron muy fructíferos para Moore con la publicación de *Poemas escogidos* (1935), *El pangolín* (1936), *Qué son los años* (1941) y *Sin embargo* (1944). *Poesía reunida* (1951) es su obra más valorada y con la que obtuvo el Premio Pulitzer, el National Book Award y el Bollingen. Sus últimos trabajos incluyen una traducción de las fábulas de La Fontaine (1954); los poemarios *Como un baluarte* (1956), *¡Ay, ser un dragón!* (1959) y *Dime, dime* (1966), y el volumen de su *Poesía completa* (1967), que se reeditó en 1981. A lo largo de su trayectoria, Moore se granjeó la admiración de sus contemporáneos; T.S. Eliot vaticinó que su poesía sería una de las pocas de su generación que pervivirían en el tiempo.

JARDINES IMAGINARIOS CON SAPOS DE VERDAD

MARIANNE MOORE

Traducción de Olivia de Miguel
Selección de Luna Miguel

POESÍA
PORTÁTIL

POESÍA

A mí también me disgusta.
   Al leerla, sin embargo, con absoluto desdén, uno descubre en
   ella, después de todo, un lugar para lo genuino.

VORACIDADES Y VERDADES
A VECES INTERACTÚAN

No me gustan los diamantes;
mejor el brillo de «lámpara vegetal» de la esmeralda;
la discreción es deslumbrante
en ocasiones,
y algunas formas de gratitud agotan.

Poetas, no os soliviantéis;
también la «trompa torcida» del elefante «escribe»,
y con un libro de tigres que estoy leyendo
—creo que sabéis cuál—
me siento en deuda.

Se puede ser perdonado, sí, sé
que se puede, por un amor sin fin.

POR DISPOSICIÓN DE LOS ÁNGELES

¿Mensajeros parecidos a nosotros? Explícalo.
¿Tenacidad que la oscuridad hace explícita?
¿Algo que se oye más claro desde lejos?
      Por encima de las singularidades
el elogio no puede profanar lo que no es singular.
    Vemos, en esa tenacidad sin alteración,
      cómo la oscuridad perfecciona una estrella.

¿Estrella que no pregunta si la veo?
¿Abeto que no quiere que lo arranque?
¿Discurso que no pregunta si lo oigo?
      Los misterios proponen misterios.
Más firme que lo firme, estrella que me deslumbras, viva y ufana,
    no necesito decir cuánto se parece a algunos que hemos
                     conocido; muy parecida a ella,
    muy parecida a él, y un temblor permanente.

A UN AVE DE PRESA

Me agradas, porque sabes hacerme reír,
no te ciega la paja
    que cualquier viento arrastra en molinetes desde el almiar.

Sabes pensar, y lo que piensas, dices
con parecido orgullo al de Sansón y su sombría
    finalidad; y nadie osaría pedirte que te callaras.

El orgullo te sienta bien, pájaro colosal, tan engreído.
Ningún corral te da una absurda apariencia;
    tus garras de bronce son firmes contra la derrota.

SIN EMBARGO

has visto una fresa
  que ha librado un combate; ahí,
  donde los fragmentos se han reunido,

debió de haber un puercoespín o una estrella
  de mar, tal era la multitud
  de semillas. ¿Qué mejor alimento

que semillas de manzana —el fruto
  dentro del fruto— encerrado
  como avellanas gemelas

curva contra curva? El hielo, que mata
  las hojitas gomosas
  de los tallos del kok-saghyz, no puede

dañar las raíces; siguen creciendo
  en terreno helado. Una vez, donde
  había una espinosa hoja de peral

agarrada a un alambre espinoso,
    una raíz se lanzaba para crecer
    en la tierra dos pies más abajo;

como las zanahorias forman mandrágoras
    o a veces una raíz como cuerno
    de carnero. La victoria no vendrá

a mí si yo no voy
    a ella; un zarcillo de viña
    hace un nudo sobre otro nudo hasta

anudarse treinta veces, de forma
    que la ramita, anudada por arriba
    y por abajo, no puede moverse.

Así el débil supera su
    amenaza interior y el fuerte se vence
    a sí mismo. ¿Qué hay más poderoso

que la fortaleza? ¡Qué savia
    atravesó ese delgado hilo
    que tiñe de rojo la cereza!

DESCONFIANDO DE LOS MÉRITOS

¿Fortalecidos para vivir, fortalecidos para morir
    por medallas y victorias estratégicas?
Combaten, combaten, combaten al ciego
    que pretendidamente ve,
y no puede ver un esclavo en el negrero;
y un hombre herido en quien odia. ¡Oh inmóvil
      estrella resplandeciente!, ¡oh tumultuoso océano
        agitado, hasta que los pequeños objetos van
    a su antojo!, la montañosa ola
      obliga a quienes miramos a conocer

en profundidad. ¡Perdidos en el mar antes de luchar! ¡Oh
    estrella de David, estrella de Belén!
¡Oh negro león imperial
    del Señor! −símbolo
de un mundo naciente−, uníos al fin,
uníos. Hay una corona de odio bajo la que todo es
    muerte. Hay una de amor sin la que no se puede

reinar; las acciones santas santifican
la aureola. Como el contagio
de la enfermedad produce enfermedad,

el contagio de la confianza puede producir confianza.
Combaten en desiertos y cuevas, uno a
uno, en batallones y escuadrones;
combaten para que yo
pueda aún curarme de la enfermedad, Yo
Misma; unos tienen síntomas, otros morirán. «El hombre
es un lobo para el hombre» y nos devoramos.
el enemigo no habría
abierto una brecha mayor en nuestras
defensas. El que guía

a un ciego, puede eludirlo, pero
Job abatido por un falso consuelo sabía
que nada hay tan descorazonador
como un ciego que ve.
¡Oh vivos que estáis muertos!,
orgullosos de no ver, ¡oh polvillo de la tierra
que caminas tan arrogante!,
la confianza engendra poder y la fe es
algo afectuoso.
Juramos, se lo prometemos

a los que combaten —es una promesa—: «No odiar
    jamás al negro, blanco, rojo, amarillo, judío,
gentil, intocable». No estamos
    capacitados para
hacer estas promesas. Combaten con uñas y dientes,
combaten, combaten —algunos a los que amamos y conocemos,
        otros a los que amamos sin conocer— para que
            los corazones puedan sentir sin entumecerse.
        Me cura; o ¿soy aquello en lo que
            no puedo creer? Unos

en la nieve, otros en peñascos, otros en arenas movedizas,
    poco a poco, mucho a mucho,
combaten, combaten, combaten para que donde
    había muerte pueda
haber vida. «Cuando un hombre es presa de la ira,
le mueven las cosas externas; pero cuando se mantiene
        firme en la paciencia, paciencia,
            paciencia que es acción o
        belleza», ahí encuentra el soldado defensa
            y la coraza más dura para

el combate. El mundo es un orfanato.
    ¿No tendremos jamás paz sin dolor?
    ¿Sin súplicas de los agonizantes pidiendo
        una ayuda que no llegará?

¡Oh cuerpo inmóvil en el polvo!, no puedo
mirar y sin embargo debo. Si estos grandes y pacientes
      moribundos —todas estas agonías
        y figuras heridas y matanzas—
    pueden enseñarnos a vivir, estos
      moribundos no serán en vano.

Corazón endurecido por el odio. ¡Oh corazón de hierro!,
    el hierro es hierro hasta que se oxida.
Jamás hubo una guerra que no fuese
    interna; debo
combatir hasta vencer en mí la
causa de la guerra, pero no lo creería.
      Yo no hice nada en mi fuero interno.
        ¡Oh crimen como el de Iscariote!
      La belleza es imperecedera
        y el polvo, pasajero.

EL BÉISBOL Y LA ESCRITURA

Inspirado en las retransmisiones que siguen al partido

¿Fanatismo? No. Escribir es excitante
y el béisbol es como escribir.
    De ninguno se puede decir nunca
        cómo saldrá
        o qué harás;
    genera excitación
    —un estado febril en la víctima—
pitcher, catcher, fielder, batter.
         Víctima, sí, pero ¿qué clase de víctima?
¿El hombre-búho que observa desde la tribuna de la prensa?
        ¿A quién afecta la fiebre?
        ¿Quién se excita? ¿Tal vez yo?

Para el *pitcher* es una batalla constante —un duelo—
batalla para el *catcher*, como Elston Howard que, con cruel
    garra de puma, retorna
        ágilmente a la base. (Su salto
        corta las alas del *swing* de un bate.)
    Tienen ese instinto asesino;

sin embargo Elston —cuya garra
ha herido a todos ellos con el bate—
responde sin envidia al periodista:
«Estoy muy satisfecho. Hemos ganado nosotros».
Y dice «nosotros», aunque fue despojado de la corona,
robada por un tecnicismo.

Cuando tres jugadores de un equipo van en tres posiciones
y modifican las condiciones,
la carrera masiva no tiene por qué ser perfecta.
«Vamos, vamos…» ¿Estamos?
Roger Maris
está en forma, corre rápido. Jamás verás
una presa más perfecta. Bueno…
«Mickey, salta como un demonio» —para
qué adornarlo, aunque como un gamo suene mejor—
caza lo que volaba por los aires hacia el nido,
y le basta una mano para atrapar
el futuro souvenir que podía tocarte a ti o a mí.

Enviad a Yogui Berra a Cabo Cañaveral:
podría manejar cualquier misil.
Él no es una pluma. «¡Lanza!… ¡*Segundo* lanzamiento!»
Ha fallado. ¡Lástima!
Fuera de juego. Parece
que el bate tenga ojos.

Le ha dado a esa un buen leñazo.
Le felicitan y Skowron dice: «Gracias, Mel.
Creo que he ayudado un *poquito*».
Cuánto empeño en cada uno, y qué modestia.
Blanchard, Richardson, Kubek, Boyer.
En esa galaxia de nueve campeones
¿quién ha ganado el gallardete? *Cada uno*. Ha sido él.

Esas dos magníficas paradas de rodilla −tiros
de Boyer, delicadeza a pares−
como los tres lanzamientos distintos de Whitey y su pre-
diagnosis
con psicosis de elegido.
El lanzamiento es un tema complejo.
El brazo, demasiado alineado al principio puede aprender a
alcanzar los ángulos, incluso a molestar a
Mickey Mantle. («¡Rozado un yanqui!
¡Es Montejo, mi joven lanzador!»
Con un poco de pedagogía
te harás duro, prematuro prodigio.)

Lo acosan y lo doblan y apuntan a sus rodillas. ¡Lo intentan
de verdad! El secreto insinúa:
«Yo aquí clavado y el bate, firme».
Alguno puede irle a la par;
nadie lo ha vencido.

Los imponderables lo atormentan.
Las contracciones, infecciones, las heridas de los clavos
requieren comida, descanso, respiro de los rufianes. (¡Maldita sea!
      ¡La celebridad cuesta la intimidad!)
Leche de vaca, «leche de tigre», leche de soja, zumo de zanahoria,
      levadura de cerveza (muy potente)–
      los concentrados presagian la victoria

con la ayuda de Luis Arroyo, Héctor López–
implacables en un aprieto. Y «Sí,
   es trabajo; quiero que presionéis,
      pero disfrutad
      mientras lo hacéis».
Señor Houk y señor Sain,
si tienen ustedes un mercadillo,
no vendan a Roland Sheldon ni a Tom Tresh.
      Tachonado de estrellas en cinturón y corona,
el estadio es un adastrio.
      Orion centelleante,
      tus estrellas tienen músculos de león.

EL BASILISCO EMPLUMADO

En Costa Rica

En el deslumbrante tronco a la deriva
    el verde continúa apareciendo en el mismo lugar;
aunque, a intervalos, el ópalo de fuego parece verdiazul.
    En Costa Rica se encuentra el verdadero rostro del lagarto
chino, del anfibio dragón meteórico, fuego de artificio viviente.

Salta y encuentra su
    imagen en el arroyo, rey con rey,
ayudado por la pluma tripartita de su lomo, corre a dos patas
    arrastrando la cola; se desvanece en el aire; luego, tras un brinco,
se zambulle en el cauce del río y se oculta como el cacique de
                       cuerpo dorado se ocultaba

en el lago Guatavita.
    Corre, vuela, nada, para llegar a
su basílica —«soberano de ríos, lagos y mares,
    visible o invisible», con nubes que cumplen

sus deseos– y puede ser «largo o corto y también áspero o fino a
voluntad».

El dragón malayo

Nosotros tenemos el nuestro y ellos,
    . el suyo. El nuestro tiene cresta de piel plumosa;
el suyo, alas desde la cintura marrón tabaco o cetrina.
    El nuestro cae del árbol al agua; el suyo es el dragón más
pequeño que se zambulle de cabeza desde la copa de un árbol
a lo seco.

Flotando sobre las costillas desplegadas,
    el cuerpo de buque se acomoda sobre la
ramita color concha de almeja que brota del árbol de la nuez
moscada
    –patas diminutas que arrastra medio en jarras–, el verdadero
dios
de Malasia. Entre inodoras orquídeas, sobre el incomestible

nogal, *myristica*
    fragans, el inofensivo dios extiende sus costillas
sin levantar ni una cresta. Esta es la serpiente-paloma propia
    del Oriente, que vive como la mariposa o el murciélago,
en camadas, confiriendo alas a lo que agarra, como la planta aérea.

La tuátara

En otro lugar, los lagartos marinos–
    reunidos sin dejar sitio para pasar,
enredadas sus colas al estilo del caimán, entre pájaros
    que dando tumbos entran y salen –son inofensivos para
sus vecinos. La vida social pájaro-reptil es agradable. La tuátara

soporta al
    petrel en su cubil y pone diez huevos
o nueve, los que pone el dragón, ya que «el verdadero dragón
    tiene nueve hijos». El lagarto engolado, sin patas,
y los camaleones de tres cuernos no son auténticos y huyen

si tú no te vas. En
    Copenhague, la puerta principal
de la Bolsa está coronada por dos parejas de dragones en pie
    y bocabajo –enroscados por el arquitecto– de modo que
las cuatro colas verdes conspiran alzadas y simbolizan cuádruple
                                      seguridad.

En Costa Rica

Ahora, donde el sapote deja caer
    sus nueces sobre el arroyo, existe, como

he dicho, uno de los lagartos más rápidos del mundo —el
    basilisco— que se alimenta de hojas y bayas a la
sombra de las palmeras, helechos y paperomias; o yace al sol sobre

una rama horizontal
    de la que brotan acedera y orquídeas. Si
le hostigan, se va, golpea el agua, y corre sobre ella, algo
    difícil para pies con dedos. Pero cuando lo capturan —rígido
y en cierto modo pesado, como masilla fresca en la mano— deja
                                                        de ser
el delgado lagarto que
    se endereza como una contraída y aplastada
S —pequeña, larga y verticalmente serpentina— o se ablanda
    y se tiende sobre los arbustos como un puente. Las lianas
                                                        sostienen
el peso de su frágil sombra impresa en seda.

Como con pincel chino, ocho bandas
verdes están pintadas en
    la cola, como teclas de piano listadas
con cinco rayas negras sobre el blanco. Esta octava de incompleto
    recato oculta al extraordinario lagarto
hasta el anochecer, cuando para el hombre la mirada del basilisco
                                                        mata; pero

para el lagarto es cuando el hombre puede
    matar, la hospitalaria oscuridad —con el galopante

bajo obstinado de tambor militar, el chirriar de las gaitas
    y los murciélagos. El apagado silbido del mono interrumpe las
castañuelas. Golpes desde el envés del arco suenan extraños sobre
                               la calabaza del año pasado,
o cuando tocan los
    timbales, a cuyo son (como es de noche),
una rana asustada, gritando como un pájaro, salta de la hierba
    donde se escondía, con curvas de meteorito,

      y amplia brazada de chinche acuático,
    con sacudidas que muestran
    una regia y magnífica torpeza,

     el basilisco encarna
    el mítico sueño
    de ser alternativamente hombre y pez–

se mueve rápidamente hacia arriba, como
los dedos ungulados de araña puntean
las cuerdas bajas del arpa y, con pasos
igualmente articulados, retrocede
y se recoge sobre las cuerdas
que vibran hasta que las garras se extienden lisas.

    Entre la tensa alambrada
crecen inaudibles ruidos
y cambian, como si en la concha acústica del bosque

de aceradas alamedas quisieran ocultarse,

desde el negro ópalo esmeralda al ópalo esmeralda,
escala que Swinburne llamó en prosa, la
silenciosa música que ronda a
la serpiente cuando se agita o se yergue.

Ningún ruiseñor
    anónimo canta en un pantano, alimentado
del sonido de las palmeras con púas de puercoespín
    que resuenan como la lluvia. Esta es la joya de nuestra
Torre de Londres que los españoles no supieron ver, entre capas de
                                                            pluma,
mariposas con cabeza de halcón y colibríes
    de barbilla negra; el extraño, inocente dragón,
defensor del oro, que al mirarlo se convierte en
    una nerviosa espada desnuda de pequeños pies, con triple
llamarada en la empuñadura, poblando

    el fuego, corroyendo el aire. Así guardado
en el fosforescente caimán que imita cada
    digresión del espectro, jadea y se acomoda con la cabeza
erguida y los ojos negros de pájaro inquieto, con mirada de afilada
                                                            fiereza,

en lo que es meramente
respiración y espanto de la mano.
Creyéndose oculto entre las aún inencontradas hachas de jade,
jaguares y murciélagos de plata, amatistas y
hierro pulido, una cadena de oro de diez toneladas y perlas como
huevos de paloma,

él sigue vivo allí,
    en su capullo de basilisco submarino, debajo
de ese otro capullo verde vivo; su ferocidad de azogue
    se aplaca con el chasquido de su caída en la vaina,
el repentino salpicón que al estrellarse marca su pérdida temporal.

LUZ ES LA PALABRA

Se puede decir más de la luz del sol
     que de la palabra; pero palabra
     y luz, ayudándose una
a otra —si son «francas»—
no degradan ese
adjetivo que aún hoy se usa.
Sí, luz es la palabra. Libre, franca,
imparcial luz solar, luz lunar,
luz estelar, luz de faro,
     son lenguaje. El faro de Creach'h
d'Ouessant
sobre un pedazo de roca indefensa,
es el descendiente de Voltaire,

cuya justicia luminosa alcanzó
     a un hombre ya herido;
     del desarmado
Montaigne, cuyo equilibrio
se mantuvo a pesar de la dureza del

bandido y encendió la salvadora
chispa del remordimiento; de Émile Littré,
filólogo resuelto,
editor fascinado de los
    ocho ardientes volúmenes de
Hipócrates. Un
hombre fogoso, científico de
libertades, Maximilien

Paul Émile Littré fue constante. Inglaterra
    protegida por el mar,
        nosotros, con la robustecida Libertad
de Bartholdi levantando la
antorcha junto al puerto, oímos a Francia
pedir: «Dime la verdad,
especialmente si es
    desagradable».Y no
podemos sino responder:
«La palabra Francia significa
franqueza; significa la que
"anima a cualquiera que piense en ella"».

EL ESTUDIOSO

«En América», empezó
el conferenciante, «todos deben tener un
título. Los franceses no creen que
todos puedan tenerlo, no dicen que todo el mundo
    deba ir a la universidad.»
Nos inclinamos a pensar
    que, aunque pueda ser innecesario

conocer quince lenguas,
un título no es demasiado. Para nosotros, una
escuela —como el árbol cantor cuyas
hojas eran bocas cantando a coro—
    es tanto árbol de libertad
como de conocimiento,
    patente en la unanimidad

de los lemas universitarios, *lux et veritas,*
Christo et ecclesiae, sapiet
felici. Puede ser que nosotros

no tengamos conocimiento, sino solo opiniones,
     que seamos alumnos,
no estudiosos; sabemos
     que a nuestra pregunta:

«¿Cuándo terminaréis vuestro experimento?»,
un expatriado ha respondido con una sonrisa: «La ciencia
no termina nunca». Apartado
de la lucha doméstica, Jack Bookworm llevó
     –dice Goldsmith– una vida universitaria;
y aquí también el estudio está rodeado,
     como en Oxford o Francia,

de peligros: polilla, moho
y beneplácitos. Pero alguien en Nueva
Inglaterra sabe lo bastante como para decir
que el estudioso es la paciencia personificada,
     una variedad
de héroe, «paciente
     de abandono y censura», que «se sostiene

a sí mismo». No se puede pegar a la gallina
para obligarle a poner. La lana del lobo es la mejor,
pero no puede esquilarse porque
el lobo no se somete. Con el conocimiento, como
     con la hosquedad del lobo,

el estudioso estudia
    voluntariamente, negándose a ser menos

que un individuo.
«Da su opinión y la mantiene»;
presta servicio cuando no hay
recompensa, y es demasiado solitario para
    dar la impresión de que hay cosas que
le afectan, no porque no tenga
    sentimientos, sino porque tiene demasiados.

JARDINERÍA INDISCRETA

Si el amarillo denota infidelidad,
　　soy infiel.
　　　　No podría desearle ningún mal a una rosa amarilla
　　　　porque los libros digan que el amarillo es de mal agüero,
　y el blanco es buena señal.

Sin embargo, ese don especial tuyo,
　　tu sentido de la privacidad,
　　　　podría por supuesto menospreciar
　　　　cualquier ofensa al oído, ni tiene por qué tolerar
　la insolencia.

EL BÚFALO

En heráldica, negro significa
prudencia; y negritud, lo aciago. ¿Podría ser que
el negro
    hematites de la retorcida cornamenta del bisonte
      significara algo? Y el
    penacho ceniciento de su cola
        parecido a la del león

    ¿qué podría significar?
¿Y el Ajax de John Steuart Curry, que arranca
hierba —sin anilla
    en el hocico— con dos pájaros posados sobre el lomo?

               * * *

El buey
moderno no se parece al retrato del buey
de Augsburgo. Sí,
    aquel gran uro salvaje extinguido era una bestia

digna de pintar, con surcos y cuernos de
dos metros de envergadura, reducido después
al tamaño de gato siamés,

del buey marrón suizo o a la forma
del cebú, con papada de felpa blanca y joroba de
sangre caliente;
al Hereford de piel roja o al Holstein moteado. Sin embargo
algunos dirían que el búfalo
de pelo ralo ha entendido
los conceptos humanos mejor

—a diferencia del elefante,
joya y joyero de las crines
que viste—
el buey con blanco hocico de Vermont uncido a su pareja
para transportar la savia de arce,
hundido en la nieve hasta
las rodillas; ni siquiera el estrafalario

buey fatigado dibujado por
Rowlandson, sino el búfalo indio,
de albina
pezuña, de pie en un lago de barro con un
día de trabajo por delante. Ningún

pagano, blanco y cristiano,
　　acechado por Buda,

　　le sirve tan bien como el
búfalo –tan fogoso como si estuviese
embridado– el cuello libre
　　estirado y el rabo de serpiente en un bucle
　　　　sobre el flanco; ni tan
　　alegremente ayudará
　　　　al Sabio sentado con

　　ambos pies al mismo lado de la grupa, a
desmontar junto al templo; ni hay
colmillos
　　de marfil como esos dos cuernos que cuando un tigre
　　　　tose, descienden fieramente
　　y reducen la piel
　　　　a inocuos desechos.

　　El búfalo indio,
que pequeños pastores de piernas desnudas conducen
a una cabaña de paja donde
　　lo estabulan, no ha de temer la comparación
　　　　con el bisonte, ni con la pareja,
　　en realidad, con ninguno
　　　　de los ancestros del buey.

A VÍCTOR HUGO DE MI CUERPO PLUTÓN

> Incluso cuando camina sabemos
> que el pájaro tiene alas.
>
> VÍCTOR HUGO

De:
    mi cuervo
    Plutón,

    el verdadero
    Platón,

    azzurro—
    negro

    verdeazul
    arco iris—

    Víctor Hugo,
    es verdad

que sabemos
que el cuervo

«tiene alas», aunque
camine con pie de pichón

sobre la hierba. Lo sabemos.
   (adagio)

Vivo-
rosso

«corvo»,
aunque

con dizio-
nario

io parlo
italiano–

este pseudo
esperanto

que tú, savio
uccello

también hablas—
mi voto y lema

(botto e totto)
io giuro

è questo
credo:

lucro
è peso morto.

Y por eso
querido cuervo

—gioièllo
mio—

tengo que
dejarte ir;

a bel bosco
generoso,

tuttuto
vagabondo,

serafino
uvaceo

Sunto,
oltremarino

verecondo
Platón, addio.

PARA EL 14 DE FEBRERO

San Valentín,
aunque tarde, ¿se podría añadir un verso
a «una ley interesada
       en batallar a favor del poema»?

¿Te habría gustado una piedra
de una de De Beers Consolidated Mine?
o ¿un cardo de Palestina lleno de sables
       con lisa piel de tejón —cuyas hojas

plumosas en la parte inferior,
son un placer al tacto? o ¿esa enredadera con hojas de mimosa
llamada «esfera armilar de Alejandro»
       abierta en abanico como una corona?

o ¿preservó el arca
el ave del paraíso con plumaje negro azabache
cuyos descendientes podrían servir de regalo?
       ¡Pero tanta interrogación es signo

de peste! ¿Por qué el arca
solo nos lleva a pensar en animales
o en el vino que Noé bebió?
Pensemos que el arca no se hundió.

A UN CARACOL

Si «la concentración es la primera gracia del estilo»,
tú la tienes. Lo contráctil es una virtud
como la modestia es una virtud.
No es la adquisición de algo
que sirve de adorno,
ni la cualidad fortuita que surge
acompañando la frase brillante
lo que valoramos en el estilo,
sino el principio oculto:
en ausencia de pies, «un método de conclusiones»;
«un conocimiento de principios»,
en el curioso fenómeno de tu cuerno occipital.

A UN CAMALEÓN

Oculto entre el augusto follaje y los frutos de la viña
   entretejes
      tu anatomía
         alrededor del mondo tallo pulido,
           Camaleón.
           Ni el fuego encendido
        sobre una esmeralda tan grande como
      aquella
    enorme del Rey Oscuro
podría arrebatar y devorar el espectro solar como tú has hecho.

SU DEFENSA

El cerdo de púas o jabalí
    (cerdo espín mal llamado erizo) con espinas de punta,
  equidna y equidermo con peligroso
abrigo-acerico de punzante piel, erizado cerdo o puerco espín,
    el rino de hocico cornudo,
  todo en él dispuesto para la batalla.

La piel de cerdo no servirá, me envolveré
    en piel de salamandra como el Preste Juan.
  Lagarto en medio de las llamas, antorcha que
es vida, con ojos y orejas de amianto, tatuado el vello
    y con metal inalterable
  en el empeine; puede resistir

el fuego y no se aparta. En su
    inconquistable país de gustos sencillos,
  el oro era tan común que nadie lo valoraba; la avaricia
y el halago se desconocían. Aunque rubíes enormes como pelotas

de tenis se reunían en los arroyos como
si el monte sangrara,

él, la inextinguible
salamandra, solo se dio título de preste. Su defensa
era su humildad. Vestido con lino
de los Cárpatos, flanqueado por leoncitos domésticos y
un séquito de cibelinas, revelaba
una fórmula más segura que

la de una armadura: el poder de abandonar
lo que se posee; eso es libertad. Ponte calavera
de dinosaurio, con plumas o lana de salamandra, botas de hierro
y más vestido de jabalinas que un batallón alambrado de acero,
pero pasa desapercibido. Que no te envidien ni
te armen con la vara de medir.

EL PANGOLÍN

Otro animal acorazado —las escamas
     se ensamblan con regularidad de piña de abeto hasta
formar el ininterrumpido renglón central del rabo.
  Esta cuasi alcachofa con cabeza, patas y molleja pedregosa,
  este ingeniero artista, miniatura nocturna es,
    sí, la réplica de Leonardo da Vinci—
      animal inquietante y trabajador del que rara vez se habla.
    Parece que le sobre la coraza. Pero a él,
      el reborde de la oreja que se cierra,
        o el desnudo oído carente incluso de esta pequeña
        distinción, con nariz contráctil igualmente

segura y orificios oculares
     de cierre blindado, no le sobran; verdadero devorador
de hormigas, no de cucarachas, soporta
    agotadores viajes nocturnos en solitario por terrenos
                         desconocidos,
    y regresa antes del alba; camina de forma insólita en el
      claro de luna, sobre el claro de luna, con los nudillos

de las manos sosteniendo el peso y así proteger las uñas
para escarbar. Enroscado alrededor
del árbol, se libra
del peligro pacíficamente,
sin ruido, salvo un inofensivo silbido; conserva

la frágil gracia de la parra en hierro forjado
de Thomas de Leighton Buzzard en la abadía de
Westminster, o
se enrolla como una pelota capaz
de desafiar cualquier intento de estirarlo; fuertemente
encolado,
limpia cabeza en el centro, sobre cuello irrompible y pies
ovillados. Sin embargo, tiene escamas a prueba de
aguijón;
y una guarida de rocas cerrada con tierra por dentro
para poder así oscurecerla.
Sol y luna, día y noche, hombre y animal,
cada cual con su esplendor,
que ni el hombre con toda su vileza puede
ignorar; ¡cada uno con su excelencia!

«Temeroso hasta de ser temido»; el acorazado
hormiguero enfrentado a la hormiga devoradora no
retrocede,
sino que engulle lo que puede, las aplastadas hojas del rabo,

puntiagudas como filo de espada, y las placas de alcachofa
                              en patas y cuerpo
se agitan violentas cuando la hormiga se desquita y
        trepa sobre él. Compacto como el ribete fruncido del
                              faralá
        del ala del sombrero en la cabeza de hierro hueco
        de un torero de Gargallo, se deja caer y
          se marcha después
            ileso, aunque no lo amenacen,
              desciende con precaución del árbol, con ayuda

del rabo. La graciosa herramienta, el rabo gigante del pangolín,
        soporte o mano, escoba o hacha, guarnecido como
trompa de elefante con piel especial,
      no se pierde en esta alcachofa inconmovible devoradora de
      hormigas y piedras que los simples juzgaron una fábula
                              viviente
          alimentada de piedras, cuando son las hormigas quienes
            lo nutren. El pangolín no es un animal agresivo; entre
          la noche y el día tiene forma de máquina sin
                              desenganchar
              y el deslizarse sin roce de algo
              a lo que adversidades y cambios han hecho

gracioso. Explicar la gracia
        requiere una mano curiosa. Si lo que es no fuera eterno,

¿por qué aquellos que embellecieron los capiteles
   con animales y se reunieron allí para descansar, en lujosos y fríos
   asientos bajos de piedra —un monje y otro monje y otro monje—
                                                 entre
      los ingeniosos soportes del techo, se habrían afanado
        en confundir gracia y amabilidad, tiempo para pagar
                                 una deuda,
   remedio para el pecado, un uso gracioso
     de lo que aún
        se consideran parteluces de piedra ramificándose
        sobre las perpendiculares? La primera máquina

fue un velero. También el pangolín, hecho
     para moverse lentamente, es modelo de exactitud,
a cuatro patas, con pies traseros de plantígrado,
   y ciertas posturas de hombre. Bajo el sol y la luna, el hombre
                             se afana
para hacer su vida más placentera, abandona parte de las flores
                     que valen la pena,
     necesita elegir sabiamente cómo usar su fuerza;
       fabricante de papel como la avispa; remolcador de
                      comida
      como la hormiga; teje un hilo
        de araña desde los riscos
          sobre un arroyo; mecánico en la lucha
          como el pangolín; se voltea

en el desaliento. Emperifollado o en cueros,

    el hombre, el yo, el ser que llamamos humano, escriba
de este mundo, garabatea algo oscuro:

    «Al semejante no le gusta lo semejante detestable», y escribe
                          error con cuatro

erres. Entre los animales hay uno con sentido del humor.

    El humor evita algunos pasos, evita años. Sabio

      modesto, inconmovible, y todo emoción,

  tiene un vigor inagotable,

    capacidad de crecer,

        aunque hay pocas criaturas más capaces de

        acelerarnos la respiración y ponernos erguidos.

No tiene miedo a nada,

    y sale agazapado, con paso mesurado para encontrar un
                              obstáculo

a cada paso. De acuerdo con la

    fórmula —sangre caliente, sin agallas, dos pares de manos y unos
                            pocos pelos—,

  es un mamífero; se sienta allí, en su propio hábitat,

    vestido de estameña y con recio calzado. Él, víctima del
                                miedo,

    siempre reducido, aniquilado, bloqueado por la

      oscuridad, casi cumplida la tarea,

  dice al resplandor alternativo:

«¡De nuevo el sol!,
   nuevamente otro día; y otro y otro y otro,
   que penetra y refuerza mi espíritu».

LA COMADREJA DEL BOSQUE

asoma con delicadeza, la mofeta
—no se rían— con el ropaje boscoso, blanco y negro,
de la ardilla listada. La criatura tintada,
blanqueada por mimetismo con una reluciente
piel de cabra, es la guardiana del bosque. Con su
capa de armiño bien tintada de sepia, es
el tótem de la audacia. ¿Una
forajida? Su dulce rostro y sus fuertes pies van por ahí
con manto de cacique de paño de Chilcat.
Ella es su propia protección contra la polilla,

la pequeña y noble guerrera. Esa
piel de nutria que la cubre, el turón viviente,
detiene cualquier aguijón. Pues bien,
esta misma comadreja es juguetona,
y, como ella, sus colegas. Solo
las comadrejas de bosque serán mis colegas.

TEMPORADA EN LA BALLENA

Intentando abrir puertas con una espada, enhebrando
    agujas por la punta, plantando árboles de sombra
    boca abajo; engullida por la opacidad de una a quien los mares
aman más que a ti, Irlanda,

has vivido y sobrevivido a toda clase de escasez.
    Los duendes te han obligado a hilar
    paja en hebras de oro y has oído a los hombres decir:
«Es su temperamento femenino opuesto por completo al nuestro

el que le obliga a comportarse así. Circunscrita por una
    herencia de ceguera y nativa
    incompetencia, se volverá sensata y tendrá que rendirse.
Constreñida por la experiencia, retrocederá;

el agua busca su propio cauce».
    Y tú has sonreído. «El agua en movimiento rebasa
    el cauce.» Tú la has visto, cuando los obstáculos bloqueaban
el camino, alzarse automáticamente.

UNA MEDUSA

Visible, invisible,
    un hechizo fluctuante
una amatista teñida de ámbar
    la habita, le acercas
el brazo y se abre
    y se cierra; pretendías
atraparla y se estremece;
    abandonas el intento.

ELEFANTES

Levantado y agitado hasta quedar inmóvil
el tronco de glicinia de dos trompas trenzadas
color gris rata, probóscides contrarias y opuestas,
se retuerce hasta alcanzar una espiral de narices enlazadas

con la solidez de un dique reforzado. ¿Es una
demorada lucha agotadora y sin cuartel? Tan solo
un pasatiempo, como cuando la trompa derrama sobre sí
la charca que aspiró; o rompe –puesto que cada uno ha

de procurarse cuarenta libras de ramas para la cena–
las ramas con hojas. Estos templarios del Diente de Buda,
estas emparejadas intensidades, cuidan regiamente de
sus regias herramientas. Uno, duerme con la placidez de la
juventud

a pierna suelta en el lecho del río medio seco y, salpicado por el sol,
reposa su trompa curva, como un cuerno de caza, en una piedra
superficial.

El hueco inclinado del cuerpo durmiente
acuna la suave respiración del *mahout* bocabajo

sobre el promontorio, dormido como una rana exánime
de seis pies, tan ligero que la rígida oreja del elefante
ignora el peso de los pies cruzados. ¡Y la indefensa criatura
humana duerme tan profundo como si también él estuviese

marcado por profundas arrugas, adornado con amplias orejas
e invencibles colmillos, y protegido por mágicos pelos!
Como si, como si, y todo como si; nosotros nos sentimos
inquietos, pero ellos son maestros de la magia:

la serenidad de Houdini disipa sus miedos.
Nacido para convertirse en testigo auricular de himnos
y glorias, estos oficiantes, completamente grises o
grises con blanco en patas o trompa, son un modelo

de la meditación, no de la reverencia de los peregrinos:
una procesión religiosa sin sacerdotes,
un espectáculo milenario perfecto, sin ensayo
previo. Bendecidas por el Diente de Buda, las dóciles bestias,

ellas mismas como templos dentados, bendicen las calles y ven
al elefante blanco llevando el cojín que

lleva el cofre que lleva el Diente.
Dócil con sus custodios que, comparados con él, son

como mosquitos, él no los pisa mientras el Diente,
en el cojín azul bajo el baldaquino blanco, es restituido
solemne y lentamente a su santuario. Aunque el blanco sea
el color de la adoración y el duelo, él

no está aquí para adorar y es demasiado sabio
para dolerse, un prisionero de por vida, pero resignado.
Con la trompa totalmente recogida –signo de la derrota
para el elefante– él ha resistido, pero ahora es hijo

de la razón. Su trompa enhiesta parece decir: cuando
aquello que esperábamos se quedó en nada, nosotros renacimos.
Igual que la pérdida nunca pudo alterar la tranquilidad
de Sócrates, la serenidad es una conquista

para el elefante. Con este Sócrates de
los animales, como con Sófocles, la Abeja, en cuya
tumba se grabó una colmena, la dulzura matiza
su gravedad. Su pata delantera levantada para servir

de escalera, por la que subir o descender
ayudados por su oreja, muestra la fraternidad

entre las criaturas y el hombre invasor, a través de
la pequeña palabra con la tilde, que significa saber: el verbo *bůd*.

Estos sabios «dan la sensación de ser aliados
del hombre», dispuestos a intercambiar papeles con sus cuidadores.
Las dificultades hacen al soldado; después, la voluntad de aprender
hace de él un filósofo, como Sócrates,

A UNA JIRAFA

Si es inadmisible, en realidad fatal,
ser personal e indeseable

ser literal –también perjudicial
si la mirada no es inocente– ¿quiere decir que

uno puede solo vivir de las pequeñas hojas de la copa,
solo accesibles a una bestia bien alta?,

de las que la jirafa, animal,
poco parlanchín, es el mejor ejemplo.

Atormentada por lo psicológico
una criatura puede ser insoportable

cuando habría podido ser irresistible
o, para ser más exactos, excepcional

puesto que es menos parlanchina
que otros animales emocionalmente embrollados.

Después de todo
los consuelos de lo metafísico
pueden ser profundos. En Homero, la existencia

es defectuosa; la trascendencia, condicional;
«el viaje del pecado a la redención, eterno».

NO HAY CISNE TAN DELICADO

«No hay agua tan quieta como la
     de las fuentes muertas de Versalles.» Ni cisne
de turbia y ciega mirada recelosa
y patas gondoleras tan delicado
     como el de china acharolada de ojos
castaño cervato y collar dentado
de oro donde se lee a quién perteneció el pájaro.

Alojado en el candelabro
     Luis XV con capullos pintados
de amaranto, dalias,
erizos marinos y siemprevivas,
     montado en la ramificada espuma
de bruñidas flores esculpidas,
cómodo y erguido. El rey ha muerto.

LOS PECES

cruzan
vadeando el negro jade.
　　Entre las conchas de mejillón azul cuervo, una se queda
　　componiendo los montones de ceniza;
　　　　abriéndose y cerrándose como

un
abanico herido.
　　Los percebes incrustados al borde
　　de las olas no pueden ocultarse
　　　　allí porque los sumergidos rayos del

sol,
se resquebrajan como lana
　　de vidrio, se mueven con ligereza de proyector
　　entre las grietas—
　　　　dentro y fuera, iluminando

el

mar turquesa

    de cuerpos. El agua atraviesa una cuña

    de hierro por el borde de hierro

        del acantilado, sobre el que las estrellas,

rosados

granos de arroz, medusas

    salpicadas de tinta, cangrejos como lirios

    verdes y hongos

        submarinos se deslizan unos sobre otros.

Todos

los rasgos

    externos del abuso están presentes en este

    desafiante edificio,

        todas las características físicas del

ac–

cidente: falta

    de cornisa, estrías de dinamita, quemaduras y

    golpes de destral, estas cosas se destacan

        en él; el abismo está

muerto.

La evidencia

reiterada prueba que puede vivir
a costa de lo que no revive

su juventud. El mar envejece dentro de él.

Y LUEGO EL ARMIÑO:

«antes muerto que manchado»; y debéis creerlo
    a pesar de las razones para no hacerlo,
he visto un murciélago en pleno día;
difícil de admitir

aunque supiera que estaba en lo cierto. Me encantó–
    oscilante como un fantoche
de carnaval, bamboleándose a mi alrededor
inseguro.

En lugar de contundentes bravatas
    la estrategia podría haber elegido
impulso con una divisa:
Mutare sperno

Vel timere– yo no cambio, no soy cobarde;
    ¿con qué base puede decirse
que es difícil asustarme?
Nada es seguro.

Equivócate y la fisiografía de Lavater
    tiene otra admiradora
de la destreza en la oscuridad,
hoy en día una novedad.

Así pues, que el diván de palisandro exprese todo esto:
    «violeta de ébano»,
Master Corvo vestido de gala
y una pastorcilla,

una estimulante nota de cuervo desabrida,
    tendrá dignidad con intimidad.
La explosividad frustrada es aun así
una especie de profeta,

una perfeccionista, y por tanto una ocultadora
    con poder de implosión;
como una violeta de Durero;
incluso más oscura.

POESÍA

A mí, también me disgusta: hay cosas importantes más allá de
este barullo.
Al leerla, sin embargo, con absoluto desdén, una descubre en
ella, después de todo, un lugar para lo genuino.
Manos capaces de agarrar, ojos
capaces de dilatarse, pelo capaz de erizarse
si es preciso; estas cosas son importantes no porque

sirvan para una interpretación altisonante, sino porque son
útiles. Cuando se hacen tan derivativas como para ser
ininteligibles,
puede decirse lo mismo que de todos nosotros,
que no admiramos lo que
no entendemos: el murciélago
colgado bocabajo o en busca de algo que

comer; elefantes que empujan; un caballo salvaje revolcándose; un
lobo incansable bajo

un árbol, el inconmovible crítico sacudiéndose la piel como
                         un caballo que nota una pulga;
el forofo del béisbol; el experto en estadística-
    ni tampoco es válido
       despreciar «documentos empresariales y

libros de texto»; todos estos fenómenos son importantes. Sin
                         embargo, uno debe
   distinguir: cuando poetas menores los encumbran, el resultado
                        no es poesía,
   y mientras los poetas que nos rodean no sean
      «literalistas de
      la imaginación» –por encima
        de la insolencia y trivialidad–, y no presenten

para inspección, «jardines imaginarios con sapos de verdad», la
                        tendremos.
    Mientras tanto, si, por una parte, exiges
   el material poético en bruto, en
      toda su crudeza y,
      por otra parte, lo
        genuino, es que la poesía te interesa.

Papel certificado por el Forest Stewardship Council®

Primera edición: marzo de 2026

© 2003, Marianne Craig Moore, representante literario de los Herederos
de Marianne Moore; © Faber & Faber Limited
Casanovas & Lynch Literary Agency
© 2026, Penguin Random House Grupo Editorial, S. A. U.
Travessera de Gràcia, 47-49. 08021 Barcelona
© 2010, Olivia de Miguel, por la traducción
© 2026, Luna Miguel, por la selección

Printed in Spain – Impreso en España

ISBN: 978-84-397-4691-1
Depósito legal: B-1.130-2026

Compuesto en La Nueva Edimac, S. L.
Impreso en Huertas Industrias Gráficas, S. A. (Fuenlabrada, Madrid)

RH46911